El Ekeko: Un misterio boliviano

Cover Art by
Irene Jimenez Casasnovas

Chapter Art by
Andrea Bacca

by
Katie A. Baker

Edited by
Carol Gaab

El Ekeko: Un misterio boliviano

Fluency Matters
P.O. Box 13409
Chandler, AZ 85248

800-877-4738

info@FluencyMatters.com ~ www.FluencyMatters.com

ISBN: 978-1-940408-89-7

A NOTE TO THE READER

This fictitious novel is based on fewer than 200 high-frequency words in Spanish. It contains a *manageable* amount of vocabulary and numerous cognates (words that are similar in two languages), making it an ideal read for beginning language students.

All vocabulary is listed in the glossary at the back of the book. Keep in mind that many words are listed in the glossary more than once, as most appear throughout the book in various forms and tenses. (Ex.: I go, he goes, let's go, etc.) Vocabulary that would be considered beyond a 'novice' level is footnoted within the text, and their meanings given at the bottom of the page where each occurs.

The opinions and events in this story do not reflect or represent the opinions or beliefs of Fluency Matters. This novel is intended for educational entertainment only. We hope you enjoy reading it!

Índice

Characters & Names i

Capítulo 1: Zapatos viejos 1

Capítulo 2: El clóset 7

Capítulo 3: ¡A trabajar! 13

Capítulo 4: El mercado de las brujas 22

Capítulo 5: Isidoro y Paulina 31

Capítulo 6: El Talismán 42

Capítulo 7: Zapatos nuevos 48

Capítulo 8: Alasitas 55

Capítulo 9: Abundancia 64

Capítulo 10: ¡A buscar! 70

Capítulo 11: Los regalos 78

Glosario 85

Personajes y nombres
(Characters & Names)

Paco (Paquito) - personaje principal[1], narrador; tiene 13 años[2].

Sofía (Sofi) - hermana[3] de Paco; tiene 9 años.

Maritza (Mari) - hermana de Paco; tiene 3 años.

Julieta (Juli) - hermana de Paco; es una bebé

Mamá - la madre de Paco

Pepe - amigo de Paco

Nicolás - antagonista[4] de Paco; amigo de Mateo

Mateo - antagonista de Paco; amigo de Nicolás

---

[1]*personaje principal - main character*
[2]*tiene 13 años - he has 13 years (he is 13 years old)*
[3]*hermana - sister*
[4]*antagonista - antagonist (enemy; adversary)*

Capítulo 1
Zapatos viejos

Hoy no es un día bueno para mí. Corro tan rápido como puedo porque tengo que escaparme de Mateo y Nicolás. No me gustan esos chicos. Ellos son crueles y agresivos. A ellos les gusta intimidarme porque son grandes.

Yo corro por los mercados y frente a la Basílica de San Francisco. Estoy cansado pero continúo corriendo. Corro por la plaza principal de La Paz y por una calle hacia mi casa. ¡Nicolás y Mateo están justo detrás de mí!

No corro porque tenga miedo, corro porque mi madre me dice que yo tengo que ser un ejemplo para mis hermanas, que tengo que preservar la paz. No quiero problemas con esos chicos. No quiero confrontarlos porque mi madre no quiere que yo participe en actos de violencia. Por eso, corro hacia mi casa tan rápido como es posible.

Mateo y Nicolás son más grandes que yo, pero yo soy más rápido. Soy futbolista y por eso, estoy acostumbrado a correr mucho. Continúo corriendo. ¡Voy a escapar!

Pero en ese momento, me caigo por tener estos horribles zapatos. ¡Qué desastre! ¡Qué mala fortuna! En ese instante, Mateo y Nicolás corren hacia mí y no me puedo escapar.

– ¿Qué pasa, idiota? –dice Nicolás.

– No eres tan rápido ahora, ¿eh? –me insulta Mateo.

– ¿Quieres lustrar mis botas, indio? –continúa Nicolás–. Es obvio que necesitas dinero. Mira tus zapatos.

Yo soy un lustrabotas[1]. No me gusta el trabajo—prefiero estudiar en la escuela—pero me gusta recibir dinero. La realidad es que sí necesito dinero. Mi familia necesita dinero. Yo trabajé muchas horas hoy. Estoy cansado y hay lustrador[2] de zapatos en mis pantalones. Hay lustrador de zapatos en mis manos también. Mis zapatos son viejos y tienen hoyos[3]. Quiero zapatos nuevos, pero mi familia no tiene dinero.

[1]lustrabotas - shoeshine boy; Many poor children in Bolivia make a living shining shoes.
[2]lustrador (de zapatos) - (shoe) polish
[3]hoyos - holes

3

Yo no respondo. No miro a Nicolás.

– ¿No quieres lustrar mis botas? –repite Nicolás. Él quiere intimidarme, pero no tengo miedo.

Yo no le respondo. Miro mis zapatos y pienso en lo que dice mi madre: *«No quiero que participes en actos de violencia».* En este momento, es difícil no reaccionar con violencia.

– Vámonos –dice Mateo–.

– Un momento –interrumpe Nicolás–.
¡Mira…en la calle! ¡Hay dinero!

En la calle, hay treinta (30) bolivianos. Es el dinero que recibí hoy por lustrar zapatos. Probable-

4

mente se me cayó cuando yo me caí en la calle. Yo intento agarrar el dinero, pero Nicolás es más rápido.

– ¡Dámelo! –exclamo yo.

Intento agarrar el dinero de su mano, pero no puedo. Nicolás es más alto que yo.

– ¡Ja! –exclama Nicolás.

– Vámonos –repite Mateo.

Ellos se escapan con mi dinero. Estoy cansado y no puedo correr más. Camino lentamente hacia mi casa en El Alto. El Alto es una zona especial en La Paz, Bolivia. Se llama El Alto porque es muy alto. ¡Está a 4.050 metros en las montañas! Es la parte más alta de La Paz. Es difícil vivir en El Alto. Hay poco aire y poco dinero...

La Paz es una ciudad grande con dos (2) millones de personas. Las personas que tienen dinero viven en el centro y las personas pobres viven en El Alto. Mi familia no tiene dinero. Somos pobres y por eso vivimos en El Alto.

Es difícil caminar a mi casa porque las calles están muy inclinadas[4]. Es una hora o más a mi casa. No quiero caminar, pero ahora no tengo dinero para el bus. Camino lentamente y pienso en mi mala fortuna. Pienso en Mateo y Nicolás. Y pienso en mis zapatos viejos y horribles…

[4]inclinadas – inclined, steep

Capítulo 2
El clóset

Entro a la casa.

– Hola, Paquito. ¿Qué tal tu día? –me pregunta mi madre con una sonrisa.

– Horrible –respondo–. Necesito unos zapatos nuevos. Los míos son viejos y tienen hoyos. Me causan problemas. Hoy, me caí en la calle.

– Ay, hijito, ¿estás bien?

– Sí, estoy bien, pero mi dinero se cayó en la calle y desapareció. Busqué el dinero pero ya no estaba –le explico yo.

No menciono lo de Mateo y Nicolás. Es mi problema. Soy un hombre y no necesito a mi mami para resolver mis problemas.

– Pues, hijito, no tenemos dinero en este momento para comprar zapatos nuevos, especialmente si no tienes el dinero de hoy.

Pero pienso que hay unas botas viejas de tu abuelo en el clóset en buena condición.

Tú puedes usar esas botas por ahora –dice mi madre.

«Puaj, las botas viejas del abuelo», yo pienso. *«¡Qué horrible!»* No le digo nada a mi madre porque en realidad yo sé que no hay dinero para comprar zapatos nuevos. Suspiro[1] y voy al clóset para buscar las botas viejas.

Hay muchos objetos de mis abuelos en el clóset. Yo saco las cosas, una por una, para inspeccionarlas.

---

[1]*suspiro - I sigh*

No tengo muchas memorias de mis abuelos y por eso es más o menos interesante. Hay ropa y un aguayo[2] de mi abuela. Hay unas fotos viejas de mis abuelos y una foto vieja de mi madre. No veo las botas. Suspiro y busco más.

Saco una guitarra. Es una guitarra pequeña que se llama charango[3]. Es el charango de mi abuelo. Debajo del charango, yo veo un objeto interesante.

[2]aguayo - *a colorful woven blanket used to carry things on the back; traditional in the Andes mountains*

[3]charango - *a small guitar made from the shell of an armadillo, traditional in Bolivia*

Es una figura de cerámica de un hombre pequeño. ¿Es otro objeto de mi abuelo? La figura es de color café. Es muy vieja y es un poco más grande que mi mano. Saco la estatua. No es familiar.

Yo miro la estatua pequeña. Tiene una expresión misteriosa y unos ojos enormes y realistas. El hombre me mira con los ojos grandes. ¿Realmente puede verme? ¿Es posible?

– ¿Cómo te llamas, amigo? –le pregunto yo.

El hombre no responde. Las estatuas no hablan.

– Paquito, ¿con quién hablas? –me pregunta mi madre.

– No estoy hablando, mamá –le respondo.

10

En silencio, yo miro la estatua otra vez. De repente, yo pienso que sus ojos se mueven por un instante. «¿*Es posible?*», pienso. Miro a los ojos de la estatua intensamente, pero ahora no se mueven.

Yo continúo buscando las botas. Saco unos papeles viejos y mi ropa de bebé. De repente, veo las botas. Las saco para inspeccionarlas. Son un poco viejas, y no tienen hoyos. Pero son muy grandes.

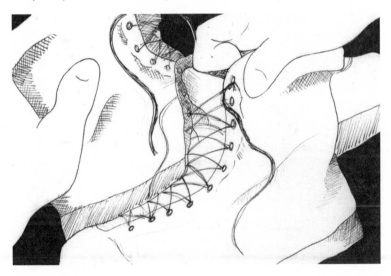

Suspiro y tomo las botas. Pongo los otros objetos en el clóset: el aguayo, la guitarra y las fotos. Entonces, yo decido tomar también la figura de cerámica. Es muy interesante y la quiero investigar más. ¿Por qué no?

Yo pongo la figura en mi mochila y voy a mi dormitorio. Estoy cansado de trabajar y de correr todo el día. En cinco (5) segundos, me duermo.

Capítulo 3
¡A trabajar!

Por la mañana, me levanto rápido. Hoy mis amigos y yo vamos a jugar al fútbol en el parque. Me pongo las botas de mi abuelo y agarro mi mochila.

– Adiós, mamá. Me voy al parque.

– Regresa en una hora, Paco –dice mi madre.

En el parque, jugamos al fútbol con muchos amigos de la escuela, pero hay un problema. Jugar al fútbol con las botas viejas de mi abuelo es muy difícil. Las botas son muy grandes y me caigo con ellas. Yo

juego muy mal. ¡Qué desastre!

Después de jugar al fútbol por dos horas, regreso a la casa. Mi madre está en casa cocinando papas. Es típico; nosotros comemos muchas papas. Las papas son la comida tradicional de las montañas.

– Paquito, ¿dónde estabas? –exclama mamá impaciente–. Te necesitaba en casa. Tú tienes que estar en la casa con tus hermanas. Me voy al mercado.

– Mamá, por favor, no me llames Paquito. Me llamo Paco. Soy un hombre –respondo yo.

– Pues, Paco, los hombres tienen responsabilidades con sus familias –dice mamá, irritada–. Y por favor, estudia un poco también.

No le respondo. Yo quiero jugar más con mis amigos, pero tengo que estar en casa porque mi madre va a ir al mercado para trabajar y mi padre está trabajando también. Mi familia necesita dinero, porque yo tengo tres hermanitas. Una hermana

tiene nueve (9) años. Se llama Sofía (Sofi). Una hermana tiene tres (3) años. Se llama Maritza (Mari). La más pequeña es Julieta (Juli). Ella es un bebé. Mi madre toma a Juli en su aguayo y va al mercado.

Ahora estoy en casa con Sofi y Mari. ¡Qué pena! ¡No quiero jugar con mis hermanas! Yo las ignoro a ellas y examino mi estatua otra vez. El hombre me mira con ojos grandes. No me gustan sus ojos. Son tan grandes como platos. También tiene una sonrisa extraña. No me gusta su sonrisa. Es muy misteriosa.

Yo suspiro y pongo la estatua en la silla. Agarro

mis libros para estudiar. De repente, mi hermana Mari camina detrás de mí, pero yo la ignoro. Estudio por treinta (30) minutos. No es interesante. No me gusta estudiar solo. Prefiero estudiar en la escuela, pero no es posible hoy porque tengo que estar en la casa con mis hermanas.

Me levanto y camino hacia la silla para mirar la estatua otra vez. ¡Pero la estatua no está!

> – Sofi, ¿dónde está mi pequeña estatua? –pregunto yo.

Sofi responde:

> – ¿La muñeca[1]? No sé. Mari la tomó y corrió. ¿Por qué quieres una muñeca? Son para chicas.
>
> – ¿Qué? –yo grito.

Mari tiene 3 años. Si ella toma la frágil estatua, probablemente va a arruinarla.

Rápidamente, yo busco a Mari. Mi casa no es grande. Es muy pequeña y por eso puedo encontrar a mi hermana muy rápido. Mari está en la cocina.

[1] muñeca - doll

16

Ella juega con la figura de cerámica. Mari pone ropa de muñeca en mi talismán[2]. Ahora el hombre tiene pantalones pequeños y un suéter pequeño.

– ¡Muñeca! –exclama Mari.

Ella pone la figura en su boca.

– ¡Ay! ¡Mari! ¡No es una muñeca! Es mi talismán y no necesita ropa. No puedes jugar con el talismán. ¡Es muy frágil! –exclamo yo.

[2] *talismán - talisman; an object which is believed to contain certain magical properties or powers*

17

Furioso, yo tomo la figura de cerámica de mi hermana. De repente, Mari grita y llora pero yo la ignoro. Rápidamente, pongo la estatua en mi mochila.

Por la tarde, mi madre regresa a la casa y yo voy al centro para lustrar zapatos. Mi madre está cansada y no nota que Mari está furiosa.

– Adiós, mami. Voy al centro a trabajar.
Adiós, Sofi. Adiós, Mari. –les digo yo.

Mari no responde, solo me mira con ojos furiosos. Entonces yo tomo mi mochila y mi chaqueta y me voy.

Yo camino una hora hacia el centro de la ciudad. Aquí en el centro los bolivianos ricos pueden caminar de sus casas a sus trabajos en los bancos y en los hospitales. También hay muchos turistas en el centro. Yo trabajo en el centro porque aquí hay personas ricas que me dan dinero por lustrar sus zapatos. Un hombre camina hacia mí.

– Buenos días, señor. ¿Le lustro los zapatos? –pregunto yo.

El hombre no responde. No me mira. Me da tres

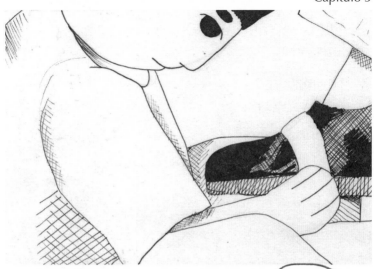

(3) bolivianos y me da sus zapatos. Yo suspiro y lustro los zapatos con mucho cuidado.

Después de trabajar por muchas horas, (yo) estoy cansado. Hay lustrador de zapatos en mis pantalones y en mis manos, pero tengo treinta y cinco (35) bolivianos. Es un buen día.

Camino lentamente hacia mi casa. Quiero comer. Hoy yo camino por una calle diferente porque no quiero ver a Mateo y a Nicolás.

Entro en la casa con el dinero. Mi madre está muy contenta y cocina una comida deliciosa. Comemos pan, sopa y papas. Durante la comida, Mari me mira con ojos furiosos, pero yo la ignoro.

Después de comer, voy a mi dormitorio y saco la estatua para inspeccionarla otra vez. Yo miro los ojos de la estatua. Tiene ojos muy grandes. Me mira con sus ojos grandes y yo me pregunto: «¡¿Los ojos son reales?! ¿Es posible?». Tiene una sonrisa misteriosa. No me gusta su sonrisa.

Esta estatua no es una muñeca. ¡Mi hermana es ridícula! Es obvio que es un talismán. ¡Es un talismán muy peculiar!

De repente, yo observo que el hombre no tiene la ropa de la muñeca de Mari. ¡Qué misterio!

Miro en la mochila y veo ropa... No la ropa de

20

muñeca, ¡la ropa de una persona! Hay un suéter grande y unos pantalones grandes. La ropa de muñeca ya no está. Eventos muy extraños pasan aquí.

Por la noche, tengo la sensación horrible de que el hombre me está mirando. No puedo dormir. Con cuidado, agarro la estatua y la pongo en mi mochila. Entonces pongo la mochila debajo de mi cama.

No le tengo miedo al talismán, pero prefiero que él esté debajo de la cama donde no pueda ver sus ojos tan reales y extraños.

Ahora estoy solo. Después de cinco segundos, me duermo.

Capítulo 4
El mercado de las brujas[1]

Por la mañana, yo duermo hasta muy tarde. Son las 10 cuando mi madre me grita «*¡Paquito, ya es muy tarde! ¿Dónde estás?*». Mi madre está impaciente.

Me levanto y me pongo las botas. Agarro mi mochila y voy corriendo hacia la cocina.

– ¡Sí, mami! ¡Ahorita voy! –grito yo y entro

[1]*el mercado de las brujas - the witches' market; a famous location in La Paz, Bolivia*

en la cocina.

Mi familia come pan tostado por la mañana. Yo como muchísimo pan tostado porque yo voy a trabajar todo el día hoy. Entonces, agarro mi mochila y mi chaqueta.

Yo camino rápidamente porque ya voy tarde. En el centro, yo trabajo dos horas, pero no hay muchas personas hoy. Recibo poco dinero y no es un día interesante. Yo decido caminar hacia el mercado de las brujas porque el mercado es muy interesante. Es una de mis partes favoritas de la ciudad.

Es un mercado muy extraño. La leyenda dice que las señoras en el mercado son brujas. A mi madre no le gusta el mercado. Ella dice que es sobrenatural. Las brujas tienen quioscos[2] con talismanes, fetos de llamas[3] y pociones de amor. También hay muchos turistas en el mercado y por eso hay dinero.

[2]quioscos - kiosks

[3]fetos de llamas - llama fetuses; an ancient Bolivian tradition states that a baby llama should be buried under a new house as an offering to Pachamama, or Mother Earth. Though today many people do not follow this tradition, llama fetuses are still available for purchase in the witches' market.

Yo camino por el mercado. Miro las pociones y los textiles. Yo miro a los turistas. Yo estoy interesado en todo. Hay muchas personas y yo lustro muchos zapatos.

De repente, yo veo a dos personas en la calle frente a mí. Son Mateo y Nicolás. *«Ay, no. ¿Otra vez?»*, pienso yo.

Tengo un poco de miedo y quiero correr en la otra dirección, pero no tengo la oportunidad. En ese momento, Nicolás agarra mi mochila.

– ¿Qué tienes en la mochila, indio pobre? –él pregunta y saca la figura de cerámica–. Mira, una muñeca.

– ¡Dámela! –exclamo yo–. ¡Cuidado! ¡Es frágil!

Nicolás le tira la figura a Mateo.

– ¿Te gusta jugar con muñecas, chica? –dice Mateo con un tono cruel.

Mateo y Nicolás son crueles. Yo tengo que proteger la estatua. Ellos van a arruinarla y no voy a tener la oportunidad de investigar el misterio del talismán ni de la ropa que apareció.

Yo intento agarrar la estatua, pero no puedo. Yo quiero llorar, pero no lloro. Soy un hombre.

– ¡Dámela! –repito yo.

Mateo le tira la figura a Nicolás.

– ¿Vas a llorar, chica? –me insulta Nicolás.

De repente, una bruja aparece en la entrada de un quiosco. Yo sé que es una bruja porque es vieja, fea y extraña. Ella es súper-vieja. La bruja mira a Mateo y a Nicolás con ojos misteriosos. Le tengo miedo a ella.

– ¿Qué pasa aquí? –pregunta la bruja.

– Nn..n…nada, señora –dice Mateo con mucho miedo.

La vieja extiende su fea mano hacia la estatua.

– ¿Qué es eso? –pregunta ella.

– Nn..n…no sé, señora –responde Nicolás. De repente, la bruja extiende su mano hacia la mano de Nicolás. Aterrorizado, Nicolás tira la estatua a la calle y los dos chicos corren.

Yo tengo un poco de miedo, pero no corro y no lloro, porque soy un hombre y los hombres no lloran. La bruja extiende la mano y toma la estatua. La estatua no está arruinada. Ella estudia al hombre pequeño, pero de repente, ella tiene una expresión de sorpresa.

– ¿Cómo te llamas, chico? –pregunta la bruja.

– Pp...Paco, señora. Me llamo Paco.

– Y ¿Dónde encontraste este talismán, Paco?

– En mi casa. Lo encontré en mi casa.

La bruja piensa en silencio por un momento.

– Este talismán fue un regalo, Paco –me dice la bruja.

– ¿Un regalo? –le pregunto yo.

– Sí, un regalo legendario.

La bruja camina lentamente hacia mí con la figura de cerámica en la mano. Yo miro al hombre pequeño. Él me sonríe. La bruja está a poca distancia de mí. Ella sonríe también. La bruja es muy mis-

27

teriosa y tiene olor a coca[4]. Yo pienso en las leyendas de brujas en el mercado. Tengo un poco de miedo.

> – Este talismán es especial. Tiene poder[5]. Y con el poder hay también responsabilidades. Usa el poder con cuidado. El poder funciona para el bien, no para el mal –me dice la bruja.

> – ¿Qué poder? –le pregunto yo. La bruja no responde y no explica más. Ella me mira a los ojos intensamente. De repente, agarra mi mano.

> – Cuidado –repite con voz misteriosa.

Ahora tengo mucho miedo, hombre o no. Yo agarro el talismán y me voy corriendo. Corro tan rápido como es posible hacia el centro. ¡Ay! ¡Qué extraño!

Trabajo todo el día lustrando muchos zapatos, pero todo el día pienso en el talismán extraño y en

---

[4]olor a coca - odor of coca, a plant grown in South America
[5]poder - power

la conversación con la bruja. Estoy nervioso todo el día.

Por la noche en mi dormitorio, yo saco la estatua otra vez. *«¿Por qué es especial?»*, me pregunto en voz alta. *«¿Realmente tiene poder?»*.

El hombre me sonríe. Y entonces, por un instante, sus ojos se mueven.

«¡Ay!», grito y tiro la estatua a la cama. Después de cinco segundos, yo camino hacia la cama y miro al hombre otra vez. No se mueve ahora. Los ojos no se mueven, pero yo sé que se movieron hace un momento. Estoy seguro.

Yo pienso en la conversación con la bruja. *«El poder funciona para el bien»*, repito yo. ¿Qué poder? Después yo pienso en la ropa de muñeca. Si la estatua transforma la ropa de muñeca en ropa real, ¿puede transformar otras cosas?...

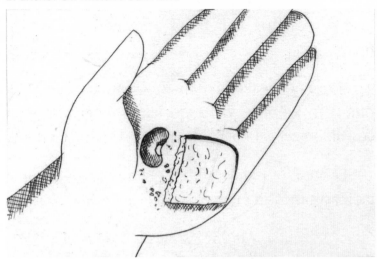

«¡*La comida!*», exclamo yo y corro a la cocina. En secreto, yo tomo un frijol y un poquito de pan. Yo agarro las cosas y corro a mi dormitorio. Pongo la comida en un plato debajo de la estatua.

Los ojos no se mueven, pero yo pienso que la sonrisa del hombre es un poco más grande ahora. Yo pongo la comida, el plato y el hombre debajo de mi cama. Yo estoy nervioso, pero también estoy cansado después de trabajar todo el día. Me duermo rápidamente.

Capítulo 5
Isidoro y Paulina

Por la mañana, hay una fragancia deliciosa en mi dormitorio. *«Mmmm…»*, pienso. *«Mamá prepara frijoles y pan. Frijoles… pan…»*

De repente, pienso en la estatua. Abro los ojos rápidamente y extiendo la mano debajo de mi cama. Agarro la estatua y la saco. Él tiene una gran sonrisa. ¡Qué extraño! Miro debajo de la cama y veo el plato. ¡Hay comida en el plato! Hay muchos frijoles preparados y un pan entero. ¡Todo se ve delicioso!

«¿*Cómo es posible?*», me pregunto. Miro por mi dormitorio. ¿Es posible que mi madre pusiera[1] la comida en mi dormitorio? ¿O mis hermanas? Es muy extraño…

Pienso por un momento. La ropa aparece con la estatua y la comida también. Los ojos del hombre se mueven. La bruja dice que la estatua es un regalo especial. ¿Puede ser mágica? ¿Cómo es posible? ¿Y por qué estaba en el clóset?

¡El clóset! Es posible que haya más información en el clóset. Hay muchas cosas interesantes y viejas. Quiero investigar el clóset.

En secreto, voy al clóset. Estoy silencioso porque yo no quiero revelar el secreto de la estatua a mi familia. Saco las cosas del clóset. Está mi ropa de bebé. Hay una pequeña colección de fotos viejas. Está la guitarra de mi abuelo. De repente, veo unos papeles. Los papeles son viejos y frágiles. Con mucho cuidado, tomo uno y lo examino. Es una carta. ¿A quién?...

[1]*que mi madre pusiera - that my mother put*

8 de abril, 1781

Mi preciosa Paulina,

Pienso en ti por la mañana, por la tarde y por la noche. Cuando pienso en tus ojos, yo floto en el aire.

...Un momento...Mi madre se llama Paulina. ¿Es una carta de amor para mi madre? Yo no quiero ver una carta de amor para mi madre. Puaj... ¡Pero es del año 1781! Es muy interesante...

Tengo información del ataque. Tupac Katari tiene un plan. Por la mañana, vamos a ir hacia los bordes de la ciudad de La Paz. Nosotros vamos a bloquear la ciudad. Si las calles por las montañas están bloqueadas, los españoles no van a poder entrar y no van a poder escapar. No tienen comida suficiente y sufrirán mucho. Nosotros vamos a tomar La Paz para los indios. Vamos a tomar la ciudad,

el dinero y el poder. ¡Vamos a tener la victoria! Estoy optimista.

Tú ves que con mi carta, hay una estatua. Este hombre se llama Ekeko. Él es un talismán. El talismán te va a dar buena fortuna. Te va a dar protección. Es un símbolo de mi amor.

Ten cuidado, mi preciosa Paulina. Hay mucha violencia en este momento y quiero ver tus ojos otra vez.

Isidoro

Después de mirar la carta, mis ojos están muy grandes. ¡Qué interesante! Mi estatua es un Ekeko, un talismán de la buena fortuna. ¡Y es muy viejo! La carta dice que la estatua es del año 1781. ¡Él tiene más de 200 años! Es obvio que la Paulina en la carta no es mi madre. Fue una persona histórica. ¿Ella fue parte de mi familia? ¿Y quiénes son Isidoro y Tupac Katari?

Yo estoy familiarizado con los Ekekos. En la ciudad de La Paz, hay un festival en enero que se llama Alasitas. Nosotros celebramos por muchos días; el primer día es el 24 de enero y ¡hoy es el 22 de enero!

Durante el festival de Alasitas, los bolivianos compran regalos para su familia y para sus amigos. Pero no compran regalos normales. Compran regalos pequeños. La tradición es dar a tu amigo una versión en miniatura del regalo, que representa el regalo real. Puedes comprar muchísimos regalos en miniatura en los mercados.

Por ejemplo, si tu amigo necesita una casa, tú le das una casa en miniatura a tu amigo. Si tu amigo necesita un carro, tú le das un carro pequeño a él. Después de recibir los 'regalos', los bolivianos ponen las cosas pequeñas en una estatua del Ekeko. Hay muchas estatuas del Ekeko en los mercados y muchas familias tienen una en la casa. La tradición dice que entonces, el Ekeko les da buena fortuna y abundancia a los bolivianos el resto del año. El Ekeko representa la generosidad.

Pero en mi experiencia, las estatuas son diferentes. Las estatuas tienen ojos grandes, similares a mi estatua. Pero los Ekekos normalmente tienen ropa de cerámica de muchos colores brillantes. Mi estatua es de color café y no tiene ropa. Las estatuas típicas también tienen una boca muy grande con un hoyo. En el hoyo de la boca, es típico poner un cigarrillo.

Mi estatua es distinta porque tiene ojos muy reales. Su boca también se ve normal, no es muy grande y no tiene un hoyo. Tiene una expresión natural y su sonrisa se ve humana.

Hay una diferencia más y es muy importante. Los Ekekos en el mercado no son mágicos...No realmente. Es una leyenda, nada más. Las estatuas en el mercado no pueden dar objetos reales a las personas. ¿Puede ser especial mi Ekeko? ¿Puede ser el Ekeko original? ¡Yo quiero más información!

24 de abril, 1781

Mi adorado Isidoro,

Pienso en ti todos los días. Pienso en ti cuando miro las montañas. Pienso en ti cuando oigo hablar del conflicto con los españoles. Pienso en ti por la noche, cuando duermo.

Puaj… qué romántico. No me gusta el romance. De repente, mi madre interrumpe:

– ¡Paquiiiiiito! –ella grita.

– Sí, mamá –respondo yo.

– ¿Dónde estás? –me pregunta ella.

– Aquí, mamá.

– ¿Qué haces, Paco?

– Nada, mamá.

– Pues, ven aquí, hijito. Voy al mercado y tú tienes que estar con tus hermanas –me dice mamá.

– Un momento, mamá.

– No, ¡ahora! –dice mamá con voz irritada.

Suspiro y tomo el resto de las cartas con mucho cuidado. Son muy frágiles. Pongo el resto de las cosas en el clóset otra vez. Voy a mi dormitorio y rápidamente pongo las cartas, el Ekeko y la comida debajo de mi cama. De repente, Sofi entra en mi dormitorio.

– Paco, ¿Por qué pones los frijoles y una muñeca debajo de la cama? –ella me pregunta.

– ¡No es una muñeca! Es un talismán importante.

– ¿Un talismán? ¡Yo quiero ver!

Sofi camina hacia mi cama y extiende una mano hacia el Ekeko.

– ¡No! ¡No lo puedes tocar! –grito yo.

– Si no me das la muñeca, voy a decirle a

Mami que tú tienes frijoles en tu cama.
Ella va a estar furiosa. Dame la muñeca o
yo grito por Mami… Maaa... –Sofi dice,
pero yo interrumpo.

– ¡No! Un momento. Tú puedes ver el talismán. Pero no es una muñeca. Y ten cuidado. Es muy frágil.

Lentamente yo tomo el Ekeko y se lo ofrezco a
Sofi. Ella toma el talismán y lo mira con interés.

– ¡Qué feo es él! –exclama Sofi–. ¿Por qué
tienes un muñeco feo?

– Sofi, él es un talismán de la buena fortuna.
Él es mágico y puede dar regalos. ¿Tú
quieres un regalo mágico? –le pregunto yo.

Sofi sonríe.

– ¿Un regalo? ¡Sí! –exclama ella.

– El talismán es un secreto. Si no mencionas
el secreto a Mami ni a Papi, te voy a dar un
regalo mañana...Un regalo muy especial.
¿Okey?

– ¡Sí! –exclama ella otra vez.

– Okey, muy bien, Sofi. Ahora, vamos a

poner al hombre mágico debajo de la cama y vamos a buscar a Mari. Ella probablemente está comiéndose un libro…

Sofi y yo vamos hacia la cocina para buscar a Mari, pero tengo la sensación de que unos ojos misteriosos me miran.

Capítulo 6
El Talismán

Después de buscar a Mari y decirle: *«No, Mari, las matemáticas no son para comer»*, yo examino el resto de la carta.

24 de abril, 1781

Mi adorado Isidoro,

Pienso en ti todos los días. Pienso en ti cuando miro las montañas. Pienso en ti cuando oigo hablar del conflicto con los españoles. Pienso en ti por la noche, cuando duermo.

El plan de bloquear la ciudad es excelente, pero también es muy difícil para nosotros aquí en la ciudad. Los españoles sufren, pero también los indios. No hay mucha comida y todos sufrimos. Muchas personas no pue-

den encontrar comida suficiente.

Pero el talismán es maravilloso. Por las noches, pienso en ti y pongo un poquito de pan y un frijol frente a la estatua. Duermo y por las mañanas, hay un pan entero y muchos frijoles frente al talismán. Con la comida extra, yo puedo comer un día más. Gracias por el regalo perfecto.

Con todo mi amor,

Paulina

¡Qué interesante! Paulina, una chica del año 1781, dice que el Ekeko es mágico. Entonces, no es una coincidencia que la comida aparece. ¿La Paulina en la carta tiene una relación con mi madre, Paulina? Yo quiero preguntarle a mi mamá.

Durante el día, yo trabajo mucho. Yo juego con Mari y Sofi, lavo[1] la ropa de mi familia. Lavo los platos también y estudio matemáticas. Quiero que mi madre esté contenta.

Cuando ella regresa del mercado, mi mamá está cansada.

[1]lavo - I wash

– Hola, mami –digo yo con entusiasmo.

– Hola, Paquito. ¿Qué tal tus hermanas? –ella me pregunta.

– Están bien. Nosotros jugamos y yo lavé la ropa y los platos y estudié para la clase de matemáticas.

Ella sonríe.

– Paco, eres un ángel. Y realmente eres un hombre. ¡Qué responsable!

Perfecto. Ahora es el momento para preguntarle.

– Mamá, el festival de Alasitas es en dos días…

– Sí, yo sé, Paquito.

Uf… No me gusta cuando mi madre me llama Paquito. No soy un bebé, soy un hombre. Irritado, intento convencer a mi mamá:

– ¿Por qué no usamos el Ekeko del clóset para el festival? ¿Es el Ekeko del abuelo? –yo digo y saco la estatua.

– O, Paco, ¿por qué sacaste esa cosa vieja y fea del clóset? Tenemos un Ekeko bonito para Alasitas. El Ekeko nuevo se ve más bonito y tiene colores más brillantes.

– ¿Pero el Ekeko del clóset fue del abuelo?

– Sí, fue del abuelo. Pero el abuelo ya no está y no quiero usar el Ekeko viejo y feo. No es una decoración bonita y no quiero pensar en el abuelo. No quiero estar triste durante la celebración.

– Pero mamá –le digo yo.

– Nada de nada, Paquito. Tú puedes jugar con la estatua si quieres, pero no la vamos a usar para el festival. Ahora, estoy cansada. ¿Por qué no vas a jugar con tus amigos?

Voy a mi dormitorio. Estoy frustrado. No tengo más información y mi madre no quiere usar la estatua para Alasitas.

Miro el Ekeko y pienso. El Ekeko sonríe. Él no está frustrado.

De repente, yo tengo una idea excelente. Mamá no quiere usar la estatua, pero yo puedo. *«¿Qué quiero yo?»*, me pregunto en voz alta. El Ekeko no responde, pero misteriosamente, sonríe.

Mis botas son viejas y feas. No tienen hoyos, pero son muy grandes para mí. Yo quiero zapatos buenos para jugar al fútbol. Yo saco unos papeles de mi mochila. Corto[2] unos zapatos de papel y dibujo el logo de Adidas en los zapatos. Examino los zapatos de papel y pienso: «¡*Perfecto!*».

Yo pongo el dibujo de los zapatos en el Ekeko y entonces me duermo.

[2]*corto - I cut*

Capítulo 7
Zapatos nuevos

Por la mañana, estoy muy emocionado. Abro los ojos y veo…¡los zapatos! Un par de zapatos Adidas nuevos y excelentes aparecen frente al Ekeko. Son perfectos para mí. Estoy muy contento. ¿Cómo es posible?

Me levanto rápidamente porque hoy yo voy a la escuela. Yo agarro mis libros, los zapatos y el Ekeko y pongo todo en mi mochila. No quiero que mi madre vea los zapatos. Son mi secreto.

Camino un kilómetro hacia el centro y me pongo los zapatos. Son excelentes. Camino un poquito más cuando veo a Nicolás y a Mateo. *«¿Otra vez?»*, yo pienso. No me gustan ellos. Son crueles y causan problemas. No quiero hablar con ellos. Yo voy hacia otra calle pero ellos me buscan y van hacia la otra calle también.

– ¡Ey, Paquito! –grita Mateo.

– ¿Tienes unos zapatos nuevos? Son muy buenos –dice Nicolás.

– Sí, ¿Dónde encontraste esos zapatos? –dice

Mateo con la intención de intimidarme.

– ¿Los robaste? –pregunta Nicolás–. Yo sé
que no tienes dinero suficiente para comprarlos en el mercado.

Ellos caminan muy rápido detrás de mí. No les
respondo, pero camino un poco más rápido.

– Ey, chica, –continúa Nicolás con un tono
cruel–, si tú robaste los zapatos, eres un
criminal. ¿Hablamos con la policía?

– Sí, buena idea –dice Mateo–. Vamos a la
policía con la evidencia. ¡Agarra los zapatos!

De repente, Nicolás se mueve hacia mí e intenta
agarrar mis zapatos nuevos. Yo grito y corro. Corro
tan rápido como es posible. Corro más rápido que
Nicolás. Corro más rápido que un puma con mis
zapatos Adidas. ¡Uf! Corro dos kilómetros y estoy
cansado. Rápidamente, entro en la escuela y oigo
una voz familiar:

– ¡Ey, hombre! ¡Qué tal! ¿Por qué corres?

Es mi amigo Pepe. Pepe es un buen amigo. Es

muy cómico. Le gusta jugar al fútbol, como yo. Le
sonrío a él.

> – No es nada. ¿Te gustan mis zapatos nue-
> vos?

> – Sí, ¡qué bonitos!

> – Gracias. Vamos a jugar al fútbol después
> de las clases, ¿no? Quiero usar mis zapatos
> nuevos.

> – Sí, perfecto.

Pepe sonríe y vamos a la clase. Cuando Nicolás
y Mateo entran a la clase, ellos no dicen nada y no

pueden tomar mis zapatos porque el profesor puede verlos.

Después de las clases y después de jugar al fútbol, yo invito a Pepe a mi casa. Quiero revelarle el secreto del Ekeko a él.

– ¿En realidad? ¿Es mágico? –dice Pepe, incrédulo[1].

– Sí, ¡en serio! Yo dibujé unos zapatos de papel y por la mañana aparecieron los zapatos reales. Es maravilloso, ¿no?

[1]*incrédulo - incredulous (disbelieving, skeptical)*

– Tienes una imaginación excelente, hombre. –dice Pepe.

– ¡No fue mi imaginación! –insisto yo–. ¡Vamos! ¿Qué quieres? ¿Qué regalo?

– No sé...aaa...¡una pelota de fútbol! –responde Pepe emocionado–. La mía es muy fea y vieja y tiene un hoyo.

– Bien, mañana vas a ver. Vas a recibir una pelota nueva.

– Okey, amigo. Vamos a ver –dice Pepe con voz optimista.

Esa noche, yo dibujo más cosas para el Ekeko y corto los dibujos del papel. Yo dibujo una pelota de fútbol para Pepe, una muñeca bonita para Sofi y un bistec grande para mi familia. Nosotros no comemos mucho bistec porque mi familia no tiene mucho dinero. Típicamente comemos muchas papas, frijoles y charque².

²charque - a type of dried llama meat, similar to jerky

Yo estoy emocionado porque el bistec es mi comida favorita. Estoy muy emocionado, pero también estoy cansado. Después de cuatro segundos, me duermo.

Capítulo 8
Alasitas

Hoy es 24 de enero, el primer día del festival de Alasitas. Yo sé que este año vamos a tener una celebración muy especial, porque yo tengo un Ekeko real. ¡Qué buena fortuna!

Abro los ojos y veo todas las cosas que yo dibujé: una pelota de fútbol turquesa, una muñeca bonita con ojos grandes y un bistec enorme en el papel. Maravilloso. El Ekeko me sonríe misteriosamente.

– Gracias, Ekeko. Y gracias, abuelo.

– Paco, ¿a quién le hablas? –me pregunta mi hermana.

– Al Ekeko. Sofi, mira. ¡Mi talismán mágico me regaló una muñeca muy bonita para ti!

Sofi agarra la muñeca, la abraza y sonríe.

– ¿Cómo se llama tu muñeca nueva?

– Se llama Paulina, como mamá. Es perfecta, ¿no? –dice Sofi y emocionada corre hacia Mari para jugar con la muñeca.

Hoy no voy a la escuela. Voy a trabajar. Prefiero estar en la escuela, pero mi familia necesita dinero. Tengo que trabajar y hoy es un día excelente para trabajar porque muchas personas van al mercado para el festival de Alasitas.

Yo pongo en mi mochila el Ekeko, la pelota, los zapatos Adidas y el bistec. Ahora, mi mochila se ve un poco grande. Pero no importa.

– ¡Adiós, mamá! Voy a trabajar.

En la calle, me pongo los zapatos especiales y voy rápidamente hacia el centro. Hoy es un día perfecto para trabajar, porque es el primer día de Alasitas y muchas personas están en las calles y en los mercados. Hay muchos zapatos para lustrar y las personas son generosas porque es un día festivo. También hay muchos turistas que me dan un poco de dinero. Yo trabajo por varias horas y recibo mucho más dinero que lo normal.

Me gusta la celebración de Alasitas porque hay muchas cosas interesantes y especiales en los mercados. Yo camino un poco por los mercados y miro todas las cosas en miniatura. Hay casas, carros y animales pequeños. Hay pasaportes, computadoras, zapatos y pantalones en miniatura. Hay comida en miniatura, dinero pequeño y medicina pequeña. ¡Yo veo una guitarra y una raqueta de tenis también! Hay de todo para ponerles a los Ekekos durante el festival.

Con un poco de mi dinero extra, yo compro un sistema de videojuegos en miniatura, una patineta[1] pequeña, una computadora en miniatura, dinero

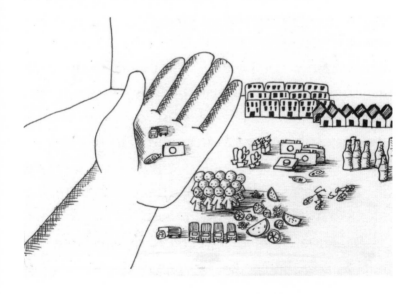

[1]patineta - skate board

falso y un carro pequeño. Tengo planes...

Después de trabajar, yo voy a la casa de Pepe para darle la pelota de fútbol. Él está muy emocionado y admite que el Ekeko realmente es mágico y maravilloso.

Esa noche regreso a la casa sonriendo. Todo es fabuloso. Soy muy afortunado. Entro en la casa y anuncio: *«Mamá, tengo un regalo para ti»*. Mi madre toma el bistec y está sorprendida.

   – ¿Cómo compraste el bistec, hijito?

   – Yo recibí mucho dinero hoy. Trabajé muchísimo y las personas fueron generosas

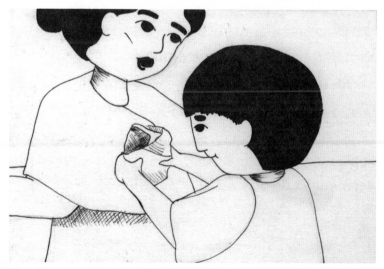

porque es Alasitas. ¿No estás contenta?

– Sí, hijito, estoy contenta, pero… Hmm…

Yo no digo más. Yo me escapo a mi dormitorio porque tengo la idea que mi madre es algo psíquica[2] y no quiero responder a más preguntas.

Ahora estoy solo. Saco el Ekeko de mi mochila y le sonrío. Ya no tengo miedo de él. Él es mi amigo y pienso que realmente es mágico.

– Hola, buen amigo. Tengo planes para ti.

¿Es mi imaginación, o mi estatua tiene hoy una expresión diferente? *«Es mi imaginación»,* me digo yo firmemente.

El aroma maravilloso de bistec con papas entra a mi dormitorio. Mmmm…¡qué rico!

Yo estoy impaciente. Quiero comer en este momento, pero no puedo. Decido investigar otra carta vieja para pasar el tiempo. Agarro una. Es otra carta de Paulina (la Paulina vieja, no mi madre y no la muñeca nueva de Sofi...¡Qué confusión!)

[2]*algo psíquica - somewhat psychic (a person who can read minds)*

3 de mayo, 1781

Mi adorado Isidoro,

Estoy preocupada porque no recibí ninguna carta de ti. ¿Estás bien? ¿Cómo va el ataque? Pienso en ti todos los días.

El talismán continúa dándome la comida necesaria. Es misterioso, pero yo pienso que él puede oírme. Cuando yo le hablo, él sonríe.

Muchas personas sufren porque, con el conflicto y la ciudad bloqueada, no hay comida suficiente. Yo divido la comida del Ekeko con todas las personas de la calle, hasta para la Doña Josefa. Ella es es-

tricta y cruel y no quiero ser su sirvienta, pero no quiero que ella sufra. Es una situación difícil para todos, pero es maravilloso cuando yo divido los regalos del Ekeko. Cuando los divido, él produce más.

Responde si es posible. Y por favor, ten cuidado.

Te adoro,

Paulina

¡Qué buena información! La Paulina de 1781 dice que no hay ningún límite en los regalos del Ekeko. Ella tenía comida suficiente para todas sus amigas y para Doña Josefa. Yo no sé quién es Doña Josefa, pero aparentemente Paulina fue una sirvienta en su casa. ¡Pobre Paulina! Pero ella fue muy generosa por darle la comida a Doña cruel.

Esta noche, el bistec es SÚPER-delicioso. Toda mi familia está muy contenta comiendo el bistec, especialmente mi padre. El bistec es su favorito también. Yo le doy las gracias silenciosamente al Ekeko.

Antes de dormir, yo pongo las miniaturas en mi Ekeko. Yo pongo el sistema de videojuegos y la patineta pequeña en el Ekeko. Es difícil dormir con toda la emoción, pero estoy cansado. En diez segundos, me duermo.

Capítulo 9
Abundancia

Por la mañana, ¡veo que soy afortunado! ¡Tengo abundancia! En mi dormitorio, hay un Nintendo 3DS real, con tres videojuegos y una patineta. ¡Qué excelente! Estoy muy emocionado.

– ¡Gracias, Ekeko! ¡Gracias, gracias! –le digo con entusiasmo.

Yo me pongo los zapatos Adidas, pongo los videojuegos y los libros para la escuela en mi mochila y agarro mi patineta.

En la cocina, mi madre tiene una expresión sospechosa[1].

> – Paquito, ¿cómo puede ser que tienes una patineta? No tenemos dinero para comprar una patineta.

> – Umm… es que… es la patineta de Pepe. Él es muy generoso. Él dice que yo puedo jugar con su patineta hoy. …Sí. –yo no miro a mi mamá. –Pues, voy a la escuela. ¡Adiós!

Yo me escapo antes de que mi madre piense en más preguntas. Te digo, ella es psíquica.

En la patineta, yo voy muuuuy rápido. Voy más rápido que un puma. ¡No voy tarde! Veinte (20) minutos antes de la clase, entro en la escuela y veo a mi amigo Pepe.

> – Hombre, ¡mira! ¡El talismán me regaló una patineta y un Nintendo 3DS!

[1]sospechosa - suspicious

– ¡No me digas! ¡Qué fantástico! Tú tienes toda la buena fortuna, amigo –responde Pepe.

Nosotros jugamos con el Nintendo por diez (10) minutos. De repente, veo a Nicolás.

– Ey, criminal, ¿robaste ese Nintendo también? ¿Y una patineta?

– Silencio, Nicolás –me defiende Pepe–. Tú sólo tienes envidia.

– Eres un criminal muy serio. Vas a tener un trabajo en la mafia un día. Yo tengo que reportar tu crimen a las autoridades. Prooooo-oofeeee…

Mi profesor camina hacia Nicolás para investigar la conmoción.

– ¿Qué tal, chicos?

– Profe, Paco robó unos zapatos, un sistema de videojuegos y una patineta –me acusa Nicolás.

– Paco, ¿dónde encontraste esas cosas? –me pregunta el profesor–. ¿Las robaste?

– No, Profe, son regalos –le digo yo rápida-

mente. No puedo mirarle a los ojos.

– Qué buena fortuna. ¿Regalos de quién?

– De umm… de mi… abuelo –le respondo lentamente.

El profesor tiene una expresión sospechosa. Tengo un poco de miedo. Es posible que él tenga poderes psíquicos también. Pero no me cuestiona más.

– Pues, vamos, chicos. Ya es la hora de clase. Vamos a estudiar historia.

Esa noche, con mucha emoción, yo agarro el resto de las miniaturas para el Ekeko. Yo pongo una

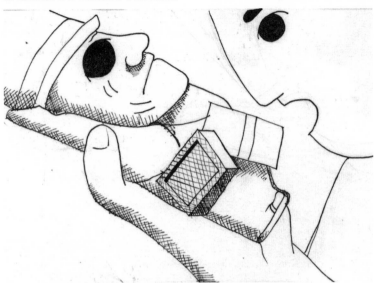

computadora pequeña, un carro pequeño (para mi padre) y dinero falso en el Ekeko. Ahora yo sé que no es mi imaginación. Él tiene una expresión diferente. Es una expresión seria y de descontento. No me sonríe.

– Está bien, amigo. ¿Estás triste? Vamos a jugar.

Yo pongo la estatua en la patineta y camino en círculos con él. Pero no sonríe.

– Hmmm… ¿quieres dormir? Vamos a dormir.

Yo pongo la estatua a poca distancia de mi cama.

– Buenas noches, Ekeko.

El Ekeko no responde.

Capítulo 10
¡A buscar!

Por la mañana, estoy SÚPER-emocionado. ¡Voy a recibir una computadora! Voy a jugar los videojuegos en mi computadora. ¡Voy a buscar en Internet! Y mi padre va a recibir un carro nuevo. Excelente. Me pregunto dónde va a estar el carro. ¿Frente a la casa? No puede estar en mi dormitorio. Yo tengo que pensar en un plan para explicarle el carro a mi padre.

Yo abro los ojos y veo… nada. No veo nada. No hay ninguna computadora. No hay ningún carro. Y el Ekeko no está.

– ¡Amigo! ¡Ekeeeeeko! –yo digo–. ¿Dónde estás?

Yo busco debajo de la cama, debajo de mi ropa, en mi clóset, por todas partes. La estatua no está.

– ¡Mari! –yo exclamo.

Probablemente Mari tomó la estatua para jugar. Sí, eso es. Yo voy a la cocina y busco a mi hermana.

– ¡Maaaaari! ¿Dónde estás?

No tengo que buscar mucho. Mari y Sofi están jugando con Paulina, la muñeca de Sofi. No tienen el Ekeko.

– Sofi, ¿tú tienes mi talismán? ¿Tienes idea de dónde está? –le pregunto yo.

– No, no lo tengo. ¿Buscaste debajo de la cama?

– ¡Sí! ¡Pero no está! ¡Qué desastre! ¿Qué voy a hacer?

– No sé. Puedes jugar con tu Nintendo. Puedes jugar con Pepe. Puedes jugar con mi muñeca.

– No, Sofi, tengo que buscar el Ekeko.

Yo pienso unos momentos. La estatua no puede caminar. Pero estaba en mi dormitorio. No es posible que una persona me la robara. De repente, tengo una idea. ¡La bruja! La bruja del mercado tenía información del talismán. Puedo preguntarle a la bruja dónde está mi talismán.

> – Sofi, voy al centro. Voy a… a trabajar, sí.
> Por favor, si mamá pregunta, responde que voy a trabajar.

Voy al centro, pero no voy a trabajar. Rápidamente yo voy hacia el mercado de brujas. Estoy corriendo por una parte familiar de La Paz cuando, de repente, yo veo a Nicolás. ¡No quiero verlo a él en este momento! Él corre por la entrada de su casa.

Él está… ¿llorando? Rápidamente, voy detrás de un carro parqueado en la calle. ¿Por qué está llorando?

De repente, yo oigo otra voz. Es la voz de un hombre y el hombre está gritando furiosamente. Nicolás se ve aterrorizado. En ese momento, veo a un hombre enorme que marcha por la entrada de la casa. El hombre es un gigante en comparación con

Nicolás.

«¿Y ahora estás llorando como una chica? ¡Vete[1]! No quiero una chica en mi casa», le dice el hombre, cruelmente. «Necesito a un hombre responsable, un hombre que puede trabajar para su familia. Tu hermano necesita la medicina».

Nicolás no le responde y no se mueve. El hombre lo agarra y lo tira violentamente hacia la calle. «¡Y NO REGRESES HASTA QUE TENGAS EL DINERO!».

[1]vete - go on!; get out of here!

Entonces, Nicolás corre. Corre frente al carro. Por un instante, él mira en mi dirección y ve que yo estoy mirando. Entonces, él continúa corriendo. El hombre entra en la casa.

No puedo moverme. Ese hombre es horrible. ¿Es el padre de Nicolás? ¿Por qué actúa tan violentamente? Tengo miedo de él. Pobre Nicolás. No me gusta él, pero es un chico de 13 años, como yo. No es justo.

Confundido y triste, yo camino lentamente hacia mi casa. Ya no pienso más en el Ekeko. Sólo quiero ver a mi familia. Entro a la casa y veo a mis hermanas.

– ¡Paco! ¿Encontraste el Ekeko? –dice Sofi.

– No, Sofi, pero está bien –le respondo.

Abrazo a ella y a Mari. Ahora yo quiero ver a mi mamá. Quiero abrazar a mi papá también, pero él está trabajando.

– Mamaaaa –yo grito. Mi mamá entra en la cocina.

– Sí, Paquito. ¿Por qué regresas del trabajo?

¿Hay un problema? ¿Estás bien? Te ves muy triste.

Yo le explico la situación de Nicolás y su padre. Yo lloro un poco. Hoy yo no soy un hombre. Soy Paquito. Yo abrazo a mi mamá.

– Ay, sí, es una situación muy grave. La madre de Nicolás fue mi amiga. Pero hace dos años ella murió[2]. Fue trágico. Ahora el padre de Nicolás tiene problemas emocionales y financieros. Es un minero y no tiene mucho dinero para la familia.

[2]murió - she died

– La familia de Nicolás tiene otro problema:
uno de los hermanos de Nicolás no está
bien, tiene muchos problemas médicos.
Necesita una medicina especial. Es una situación muy triste –me explica mamá.

Yo pienso en la situación. Pobre Nicolás. Él es
cruel y horrible conmigo, pero su padre es mucho
más horrible y cruel. Y él no tiene mamá. Yo abrazo
a mi madre otra vez.

– Pero, es muy triste. ¡Y no es justo! El
padre de Nicolás es horrible. ¿Qué puedo
hacer?

– Pues, hijito, no puedes interferir en la situación de Nicolás y su padre. Su padre es su
padre. Pero tú puedes hablarle a Nicolás y
ser un amigo. Puedes invitarle a la casa.
Puedes invitarle a jugar al fútbol con tus
amigos.

Pienso en la situación. Pienso en Nicolás y en
mis amigos. Sí, puedo ser un amigo para Nicolás.
Puedo invitarle a jugar al fútbol. Pero pienso que no
es suficiente. Es obvio que la familia de Nicolás ne-

cesita una mano en este momento.

De repente, pienso en el Ekeko y en las cartas de Paulina. A Paulina no le gustaba Doña Josefa, pero le daba comida porque era lo correcto.

También pienso en mi conversación con la bruja: *«Este regalo es especial…Usa el poder con cuidado…El poder funciona para el bien, no para el mal»*. Tengo una idea. Abrazo a mi madre otra vez.

– Gracias, mamá. Voy al centro a trabajar.

– Gracias a ti, hijito. Gracias por ser responsable.

Capítulo 11
Los regalos

Durante el resto del festival de Alasitas, no voy a la escuela; yo trabajo constantemente. Trabajo horas extras y lustro los zapatos rápidamente para recibir más dinero. También busco al Ekeko, pero él no regresa. Busco por todas partes de mi casa y le pregunto a la bruja también. Pero ella no tiene información. Es un misterio.

Después de seis días de trabajar, pienso que tengo el dinero suficiente para mi plan. Voy a mi dormitorio y miro todos los regalos del Ekeko. Realmente yo recibí muchos. La ropa y la comida, los zapatos, el bistec, el Nintendo 3DS y los videojuegos, la patineta… Ekeko o no Ekeko, soy muy afortunado. Yo tomo el Nintendo, los videojuegos y el dinero y lo pongo todo en mi mochila.

Voy en mi patineta rápidamente hacia la casa de Nicolás. Paso por un parque a poca distancia de su casa y veo a Nicolás, solo. Camino lentamente hacia él. Estoy un poco nervioso.

– ¿Qué quieres? –él pregunta con voz cruel.

Nicolás es cruel. Es difícil hablarle… Es difícil darle mis regalos del Ekeko, pero estoy decidido. Yo voy a darle todo. Yo le respondo nerviosamente:

– Esteeee… Pues… Esteeee.. Pues… tengo unos regalos para ti.

Nicolás me mira con curiosidad. Yo saco el Nintendo 3DS y los videojuegos. También saco mi dinero extra de lustrar todos los zapatos. Pongo los regalos y el dinero a poca distancia de Nicolás. Nicolás me mira con sorpresa, pero no me habla. Yo continúo:

– Hay 60 bolivianos. Pienso que es suficiente para comprar la medicina para tu hermano.

Nicolás sonríe un poco y me mira con confusión. Me pregunta con voz tímida:

– ¿Por qué me das todo esto?

– Porque lo necesitas, lo necesita tu familia –le respondo yo.

La situación es un poco incómoda[1]. Hay un mo-

---

[1]incómoda - uncomfortable; awkward

mento de silencio. Entonces yo lo invito a Nicolás a jugar al fútbol:

> – Pues, por la tarde Pepe y yo vamos a jugar al fútbol. ¿Quieres jugar? –le digo.

Nicolás no me responde. Sólo me mira. Entonces, yo le digo:

> – Pues, si quieres jugar, vamos al parque detrás de la escuela a las 4:00 –le digo yo, incómodo–. Voy a trabajar. Adiós.

Lentamente, yo camino hacia mi patineta. Después de unos segundos, yo oigo una voz detrás de mí.

> – Paco...

Yo miro a Nicolás y le digo:

> – ¿Sí?

> – Gracias.

Yo sonrío y voy en mi patineta hacia el centro para trabajar.

Esa noche, regreso a la casa, cansado y contento. Nicolás fue a jugar con mis amigos. No me habló mucho, pero no me gritó y no me insultó. Ahora él quiere invitar a Mateo a jugar también. Pienso que nosotros vamos a ser amigos.

Entro en la casa y abrazo a mi familia. Como papas y vegetales. Voy a mi dormitorio y estudio un poco. Por la noche, antes de dormir, yo pienso en mi situación. No está mal. Tengo una familia buena y una casa. Tengo buena fortuna. No necesito el Ekeko para darme buena fortuna. Contento, yo me duermo.

Por la mañana, duermo hasta un poco tarde. Es maravilloso. Entonces yo oigo la voz de mi madre.

– ¡Paquito, ya es muy tarde! ¿Dónde estás? Hoy vas a la escuela, ¿no? –grita mi mamá desde la cocina.

Sonrío. Mi madre es impaciente, pero realmente es buena.

– Gracias, mamá. ¡Ya voy!

Lentamente yo abro los ojos y...¡grito! Los ojos del Ekeko están frente a mis ojos, a muy poca distancia de mí. Él sonríe y me mira atentamente.

– Hola, amigo… um… ¿qué tal? –le digo yo,

nervioso.

Agarro al hombre pequeño y lo pongo en mi silla.

–Voy a la escuela, amigo, pero regreso más tarde. Por favor, no te muevas.

El Ekeko sólo sonríe. Por un instante, yo pienso que me guiña un ojo[2]. Pero eso es totalmente ridículo. Yo decido que hoy yo voy a poner el Ekeko en

[2]*me guiña un ojo - he winks at me*

83

el clóset otra vez, con las cartas y el charango de mi abuelo. Ya no necesito su poder. No necesito más regalos. No en este momento… Yo agarro mi mochila y voy rápidamente hacia la cocina.

Glosario

a - to
abraza - s/he hugs
abrazar - to hug
abrazo - I hug
abril - April
abro - I open
abuela - grandmother
abuelo - grandfather
abuelos - grandparents
abundancia - abundance
acostumbrado - accustomed
actos de violencia - violent acts
actúa - s/he acts
acusa - s/he accuses
adiós - goodbye
admite - admits
adorado - adored
adoro - I adore

agarra - s/he grabs
agarrar - to grab
agarro - I grab
aguayo - a colorful woven blanket
agárralos - grab them
agresivos - aggressive
ahora - now
ahorita - right now
aire - air
al - to the
alasitas - a Bolivian festival
alta(o) - tall
amiga(s) - female friend(s)
amigo(s) - male and female or all male friend(s)
amor - love
ángel - angel

antagonista - antagonist

antes - before

anuncio - I announce

aparece - s/he, it appears

aparecen - they appear

aparecieron - they appeared

apareció - s/he, it appeared

aparentemente - apparently

aquí - here

aroma - aroma, smell

arruinada - ruined

arruinarla - to ruin it

ataque - attack

atentamente - attentively

aterrorizado - terrorized

autoridades - authorities

año(s) - year(s)

bancos - banks

basílica - basilica; church

bebé - baby

bien - well; fine

bistec - steak, beefsteak

bloqueada(s) - blocked

bloquear - to block

boca - mouth

boliviano(s) - Bolivian(s); the people and currency of Bolivia

bonito(a/os/as) - pretty

bordes - borders

botas - boots

brillantes - brilliant, bright

bruja(s) - witch(es)

bueno(a/os/as) - good

bus - bus

buscando - searching for

buscar - to search, to look for

buscaste - you searched

busco - I search

busqué - I searched

caerme - to fall (myself)

café - café

calle(s) - street(s)

cama - bed

camina - s/he walks

caminan - they walk

caminar - to walk

camino - I walk

cansado(a) - tired

capítulo - chapter

carro(s) - car(s)

carta(s) - letter(s)

casa(s) - house(s)

causan - they cause

causaron - they caused

cayó - it fell

caí - I fell

celebración - celebration

celebramos - we celebrate

centro - center

cerámica - ceramic

chaqueta - jacket

charango - a small guitar made from an armadillo shell

charque - dried llama meat

chica(s) - girl(s)

chico(s) - boy(s)

cigarrillo - cigarette

ciudad - city

clase(s) - class(es)

clóset - closet

coca - a plant used as a mild stimulant

cocina - s/he cooks; kitchen

cocinando - cooking

coincidencia - coincidence

colección - collection

color(es) - color(s)

come - s/he eats

comemos - we eat

comer - to eat

comida - food

comiendo - eating

comiéndose - eating

como - like, as; I eat

comparación - comparison

compran - they buy

comprar - to buy

comprarlos - to buy them

compraste - you bought

compro - I buy

computadora(s) - computer(s)

con - with

condición - condition

conflicto - conflict

confrontarlos - to confront them

confusión - confusion

confundido - confused

conmigo - with me

conmoción - commotion

conservo - I conserve

constantemente - constantly

contento(a) - content; happy

continúa - s/he continues

continúo - I continue

convencer - to convince

conversación - conversation

corre - s/he runs

correcto - correct

corren - they run

correr - to run

corres - you run

corriendo - running

corrió - s/he ran

corro - I run

corto - I cut

cosa(s) - thing(s)

crimen - crime

criminal - criminal

cruel(es) - cruel

cruelmente - cruelly

cuando - when

cuestiona - s/he questions

cuestionarla - to question her

cuidado - care

(con) cuidado - (with) care; carefully

(ten) cuidado - be careful

curiosidad - curiosity

círculos - circles

cómico - comical, funny

cómo - how

da - s/he gives

daba - s/he gave

dame - give me

dan - they give

dar - to give

darle - to give to him or her

darme - to give me

das - you give

de - of; from; belonging to

debajo - under

decidido - decided; determined

decido - I decide

declaración - declaration

decoración - decoration

defiende - s/he defends

del - of; from; belonging to the

delicioso(a) - delicious

desapareció - it disappeard

desastre - disaster

descontenta - discontented; unhappy

desde - from

después - after

detrás - behind

dibujo - I draw *(verb)*

dibujos - drawings *(noun)*

dibujé - I drew

dice - s/he says

dicen - they say

diferencia - difference

diferente(s) - different

difícil - difficult

(no me) digas - *(literally)* don't tell me; *(figuratively)* you're joking!

digo - I say

dinero - money

dirección - direction

distancia - distance

distinta - distinct

divido - I divide

donde - where

dormir - to sleep

dormitorio - bedroom

doy - I give

doña - Dame, Lady

duermo - I sleep

durante - during

dame(lo/la) - give (it) to me

dándome - giving me

día(s) - day(s)

dónde - where

ejemplo - example

él - he

el - the

ella - she

ellas - they *(female)*

ellos - they

emocionado(a) - with emotion; excited

emocionales - emotional

emoción - emotion, excitement

en - in; on

encontrar - to find

encontraste - you found

encontré - I found

enero - January

enorme(s) - enormous

entero - entire

entonces - so, then

entra - s/he enters

entrada - entrance

entran - they enter

entrar - to enter

entro - I enter

entusiasmo - enthusiasm

envidia - envy

era - was

eres - you are

es - is

esa - that

escapan - they escape

escapar - to escape

escapo - I escape

escuela - school

esa - that

ese - that

eso - that

esos; esas - those

españoles - Spaniards

especial(es) - special

especialmente - especially

estaba - used to be

estabas - you used to be

estar - to be *(temporary)*

estatua - statue

estatuas - statues

esta - this

este - this

esto - this

estoy - I am

estricta - strict

estudia - s/he studies

estudiar - to study

estudio - I study

estudié - I studied

está - s/he, it is *(temporarily)*

están - they are *(temporarily)*

estás - you are *(temporarily)*

esté - s/he is *(subjunctive)*

eventos - events

eventualmente - eventually

exactamente - exactly

examino - I examine

excelente(s) - excellent

exclama - s/he exclaims

exclamo - I exclaim

experiencia - experience

explica - s/he explains

explicarle - to explain to him or her

explico - I explain

expresión - expression

extiende - s/he extends

extiendo - I extend

extra(s) - extra

extraño(a/os/as) - strange

fabuloso - fabulous

falso - false

familia(s) - family (families)

familiar - familiar

familiarizado - familiarized

fantástico - fantastic

favorito(a/os/as) - favorite

feo(a/os/as) - ugly

festival - festival

(día) festivo - festive day; holiday

fetos - fetuses

figura - figure

financieros - financial

firmemente - firmly

floto - I float

fortuna - fortune, luck

foto(s) - photo(s)

fragancia - fragrance

frente - front

frijol(es) - bean(s)

frustrado - frustrated

frágil(es) - fragile

fue - it was

fueron - they were

funciona - it functions

furiosamente - furiously

furioso(a/os/as) - furious

futbolista - footballer, soccer player

fútbol - football (soccer)

generosidad - generosity

generoso(a/os/as) - generous

gente - people

gigante - giant

gracias - thank you

gran - grand, big

grande(s) - grand, big

grave - grave; serious

grita - s/he screams

gritando - screaming

grito - I scream

gritó - s/he screamed

guitarra - guitar

guiña - winks

gusta - likes; is pleasing to

gustaba - liked; was pleasing to

gustan - likes (them); are pleasing to

habla - s/he talks

hablamos - we talk

hablan - they talk

hablando - talking

hablar - to talk

hablarle - to talk to him or her

hablas - you talk

hablo - I talk

habló - s/he talked

hace dos años - two years ago

hace - s/he does, makes

hacer - to do

haces - you do

hacia - towards

hasta - until

hay - there is, there are

haya - there is *(subjunctive)*

hermana(s) - sister(s)

hermanitas - little sisters

hermano(s) - brother(s)

hijito - endearing way to say 'son'

historia - history

histórica - historical

hola - hello

hombre(s) - man (men)

hora(s) - hour(s)

horrible(s) - horrible

hospitales - hospitals

hoy - today

hoyo(s) - hole(s)

humano - human *(adj.)*

idea - idea

ideal - ideal

idiota - idiot

ignoro - I ignore

imaginación - imagination

impaciente - impatient

impacientemente - impatiently

importa - it is important, it matters

importante - important

inclinadas - inclined, slanted

incrédula - incredulous, disbelieving

incómodo(a) - uncomfortable

índice - index

indio(s) - Indian(s), natives

información - information

informarle - to inform him or her

inquiere - s/he inquires

inspeccionarla - to inspect it

inspeccionarlas - to inspect them

instante - instant

insulta - s/he insults

insultó - s/he insulted

intensamente - intensely

intenta - s/he intends, tries

intento - I intend, try

interesado - interested

interesante(s) - interesting

interferir - to interefere

Internet - Internet

interrumpe - s/he interrupts

interrumpo - I interrupt

interés - interest

intimidarme - to intimidate me

investigar - to investigate

invitar - to invite

invitarle - to invite him or her

invito - I invite

ir - to go

irritado(a) - irritated

juega - s/he plays

juego - I play

jugamos - we play

jugando - playing

jugar - to play

justo - just, fair

kilómetro(s) - kilometer(s)

la - the *(feminine, singular)*

las - the *(feminine, plural)*

lavo - I wash

lavé - I washed

le - to him or her

legendario - legendary

lentamente - slowly

les - to them

levanto - I get up, stand up

leyenda(s) - legend(s)

libro(s) - book(s)

la(s) llama(s) - (the) llama(s) *(noun)*

llama - s/he calls *(verb)*

llamas - you call *(verb)*

(no me) llames - (don't you) call (me)

llamo - I call

llevamos - we carry, take

llora - s/he cries

lloran - they cry

llorando - crying

llorar - to cry

lloro - I cry

lo - it

logo - logo

los - they *(masculine, plural)*

lustrabotas - shoe shine boy, bootblack

lustrador de zapatos - shoe polish

lustrando - polishing

lustrar - to polish

lustro - I polish

límite - limit

madre - mother

mafia - mafia

mal - bad

mala - bad

mami - mommy

mamá - mom

mano(s) - hand(s)

maravilloso - marvelous

marcha - s/he marches

matemáticas - mathematics

mayo - May

mañana(s) - morning(s); tomorrow

me - to me

medicina - medicine

memorias - memories

mencionas - you mention

menciono - I mention

menos - minus, less

mercado(s) - market(s)

metros - meters

mi(s) - my

miedo - fear

millones - millions

minero - miner

miniatura(s) - minature

minutos - minutes

mira - s/he looks

miran - they look

mirando - looking

mirar - to look

mirarle - to look at him or her

miro - I look

misterio - mystery

misteriosamente - mysteriously

misterioso(a/os/as) - mysterious

mochila - backpack

momento(s) - moment(s)

montañas - mountains

moverme - to move myself

movieron - they moved

mucho(a/os/as) - much; many; a lot

muchísimo(s) - very many; a whole lot

(no te) muevas - (don't you) move

mueve - s/he moves

mueven - they move

muñeca(s) - doll(s)

muñeco - male doll

murió - s/he died

muy - very

mágico(a/os/as) - magical

más - more

médicos - medical

mí - me

mío(a/os/as) - mine

nada - nothing

necesaria - necessary

necesita - s/he needs

necesitaba - needed

necesitas - you need

necesito - I need

nerviosamente - nervously

nervioso - nervous

ni - neither; nor

ningún(a) - no; none; not any

no - no

noche(s) - night(s)

normal(es) - normal

normalmente - normally

nosotros - we

nota - s/he notices

nuevo(a/os/as) - new

o - or

objeto(s) - object(s)

observo - I observe

obvio - obvious

ocurre - it occurs

ofensivos - offensive

ofrezco - I offer

oigo - I hear

ojo(s) - eye(s)

olor - odor

oportunidad - opportunity

optimista - optimistic

original - original

otro(a/os/as) - other; another

oírme - to hear me

padre - father

pan - bread

pantalones - pants

papas - potatoes

papel(es) - paper(s)

papá - papa, dad

papi - daddy

par - pair

para - for; in order to

parque - park

parqueado - parked

parte(s) - part(s)

participe - I participate *(subjunctive)*

participes - you participate *(subjunctive)*

pasa - s/he passes

pasan - they pass

pasaportes - passports

pasar - to pass

paso - I pass

patineta - skateboard

paz - peace

peculiar - peculiar

pelota - ball

pena - pain

pensar - to think

pequeño(a/os/as) - small

perfecto(a/os/as) - perfect

pero - but

persona(s) - person(s)

personaje(s) - character(s)

piensa - s/he thinks

piense - s/he thinks *(subjunctive)*

pienso - I think

plan(es) - plan(s)

plato(s) - plate(s)

plaza - plaza

pobre(s) - poor

pociones - potions

poco(a) - a little bit

poder(es) - power(s); to be able to

policía - police

pone - s/he puts

ponen - they put

poner - to put

pones - you put

pongo - I put

poquito - a tiny bit

por - for

por favor - please

porque - because

posible - possible

positiva - positive

preciosa - precious

prefiero - I prefer

pregunta - s/he asks

preguntarle - to ask him or her

preguntas - questions

pregunto - I ask

preocupada - preoccupied; worried

prepara - s/he prepares

preparados - prepared

preservar - to preserve

primer - first

principal - principal; main

probable - probable

probablemente - probably

problema(s) - problems

produce - s/he produces

profe - short for profesor

profesor - professor; teacher

protección - protection

proteger - to protect

psíquica(s) - psychic *(pl.)*

psíquico(s) - psychic *(pl.)*

pueda - I can *(subjunctive)*

puede - s/he can

pueden - they can

puedes - you can

puedo - I can

pues - well, um

puma - puma

pusiera - s/he puts *(subjunctive)*

que - that

quiere - s/he wants

quieres - you want

quiero - I want

quiosco(s) - kiosk(s)

quién(es) - who

qué - what

raqueta - racket

reaccionar - to react

real(es) - real

realidad - reality

realistas - realistic

realmente - really

realística - realistic

recibir - to receive

recibo - I receive

recibí - I received

regalo(s) - gift(s)

regaló - s/he gifted; gave

regresa - s/he returns

regresas - you return

(no) regreses - (don't you) return

regreso - I return

relación - relation

(de) repente - suddenly

repite - s/he repeats

repito - I repeat

reportar - to report

representa - it represents

resolver - to resolve

responde - s/he responds

responder - to respond

respondo - I respond

responsabilidades - responsibilities

responsable - responsible

resto - rest

revelar - to reveal

revelarle - to reveal to him or her

rico(a/os/as) - rich

ridículo(a) - ridiculous

robara - s/he stole *(subjunctive)*

robaste - you stole

robó - s/he stole

romance - romance

romántico - romantic

ropa - clothes

rápidamente - rapidly

rápido(a) - rapid, fast

saca - s/he takes out

sacaste - you took out

saco - I take out

se - itself, herself, himself

secreto - secret

segundos - seconds

seguro - secure; sure

sensación - sensation

ser - to be

serio(a) - serious

señor - Mr.; sir

señora - Mrs.; ma'am

señoras - ladies

si - if

(me) siento - I feel

silencio - silence

silenciosamente - silently

silencioso - silent

silla - chair

similar(es) - similar

sirvienta - servant

sistema - system

situación - situation

sobrenatural - supernatural

solo - solo; alone

somos - we are

son - they are

sonriendo - smiling

sonrisa - smile

sonríe - s/he smiles

sonrío - I smile

sopa - soup

sorprendida - surprised

sorpresa - surprise

sospechosa - suspicious

soy - I am

su(s) - his; her; their

suficiente - sufficient

sufra - s/he suffers *(subjunctive)*

sufren - they suffer

sufrimos - we suffer

sufrirán - they will suffer

suspiro - I sigh

suéter - sweater

sé - I know

sí - yes

símbolo - symbol

sólo - only

súper - super

(qué) tal - what's up?

talismán(es) - talisman(s)

también - also; too

tan...como - as...as

tarde - tardy; late; afternoon

te - to you

ten - have

tenemos - we have

tener - to have

tenga - s/he has *(subjunctive)*

tengas - you have *(subjunctive)*

tengo - I have

tenis - tennis

tenía - s/he had

textiles - textiles

ti - you

tiempo - time

tiene - s/he has

tienen - they have

tienes - you have

tira - s/he throws

tiro - I throw

tocar - to touch

todo(a/os/as) - all

toma - takes

tomar - to take

tomo - I take

tomó - s/he took

tono - tone

tostado - toasted

totalmente - totally

trabajando - working

trabajar - to work

trabajo - I work

trabajos - jobs

trabajé - I worked

tradicional - traditional

tradición - tradition

transforma - (s/he) transforms

transformar - to transform

triste - sad

trágico - tragic

tu(s) - your

turistas - tourists

turquesa - turquoise

tímida - timid

típicamente - typically

típico(a/os/as) - typical

tú - you

un - a *(masculine, singular)*

una - a *(feminine, singular)*

unas - some *(feminine, plural)*

unos - some *(masculine, plural)*

usa - s/he uses

usamos - we use

usar - to use

va - s/he goes

vamos - we go

van - they go

varias - various

vas - you go

ve - s/he sees

(se) ve - it looks; seems

vea - s/he sees *(subjunctive)*

vegetales - vegetables

ven - they see

veo - I see

ver - to see

verlo - to see it

verlos - to see them

verme - to see me

version - version

ves - you see

vete - go on; get out of here

vez - time; instance

victoria - victory

videojuegos - videogames

vieja(s) - old *(plural)*

Glosario

viejo(s) - old *(plural)*

violencia - violence

violentamente - vio-
lently

viven - they live

vivimos - we live

vivir - to live

voy - I go

voz - voice

vámonos - let's go

y - and

ya - already

yo - I

zapatitos - little shoes

zapato(s) - shoe(s)

zona - zone